Lib 56. 40

COMPTE
DES RECETTES ET DÉPENSES,
RENDU

À L'ASSEMBLÉE GÉNÉRALE

DES REPRÉSENTANS

DE LA COMMUNE DE PARIS,

PAR LE DÉPARTEMENT

DE L'ADMINISTRATION DU DOMAINE.

A PARIS,

De l'Imprimerie de LOTTIN l'aîné, & LOTTIN de S. Germain, Imprimeurs Ordinaires de la VILLE,
rue Saint-André-des-Arcs, N° 27.

M. DCC. XC.

COMPTE GÉNÉRAL

DE TOUTES LES OPÉRATIONS FAITES À L'HÔTEL-DE-VILLE DE PARIS, TANT EN RECETTES QU'EN DÉPENSES,

Depuis le 13 Juillet 1789, jusqu'au 21 Janvier 1790, inclusivement.

RECETTE.

CHAPITRE PREMIER.

A CAUSE DES RECETTES QUI DÉRIVENT DU DOMAINE DE LA VILLE.

DÉNOMINATIONS DES ARTICLES.	Du 13 Juillet au 11 Octobre 1789.			Du 12 Octobre au 21 Janvier 1790.			TOTAL des deux Époques ci-contre.			TOTAL GÉNÉRAL.		
	l.	f.	d.	l.	f.	d.	l.	f.	d.	l.	f.	d.
Il restoit en Caisse, à l'époque du 13 Juillet 1789..............	2,854,676	4	9	. . .	. . .	. . .	. . .	. . .	. . .	3,200,642	15	2
La Caisse de la Ville étoit à la même époque en avance pour le compte du Roi, de............	345,966	10	5									
DROITS D'ENTRÉES & AUTRES.												
Barrières { de Fontainebleau......	.14,400	»	»	.27,900	»	»	42,300	»	»			
de S.-Jacques.........	15,601	4	»	.10,800	»	»	26,401	4	»			
de S.-Michel.........	30,201	16	»	.58,467	10	»	88,669	6	»			
des Carmes..........	20,443	2	»	.25,943	»	»	46,386	2	»			
de S.-Germain........	.4,482	10	»	.5,682	10	»	10,165	»	»			
de la Ville-l'Évêque....	..662	10	»	..542	10	»	.1,205	»	»			
	.85,791	2	»	129,335	10	»	215,126	12	»	3,200,642	15	2

(4)

DÉNOMINATIONS DES ARTICLES.		Du 13 Juillet au 11 Octobre 1789. l. f. d.	Du 12 Octobre au 21 Janvier 1790. l. f. d.	TOTAL des deux Epoques ci-contre. l. f. d.	TOTAL GÉNÉRAL. l. f. d.
De l'autre part.		. 85,791 2 "	129,335 10 "	215,126 12 "	3,200,642 15 2
Barrières	du Roule.	. 49,107 10 "	58,407 10 "	107,515 " "	
	de la Conférence.	. . 5,910 " "	12,605 15 "	18,515 15 "	
	de la Rapée.	. . . 83 15 "	. . 283 15 "	. . 367 10 "	
	Blanche.	. . 2,532 " "	. . 1,032 " "	. 3,564 " "	
	Sainte-Anne.	. . 1,008 5 "	. . 628 5 "	. 1,636 10 "	
	S.-Denys.	. 16,005 " "	23,805 " "	39,810 " "	
	S.-Martin.	. 17,205 " "	19,605 " "	36,810 " "	
	de la Courtille.	. . . 711 10 "	. 1,909 10 "	. 2,621 " "	
	de la Croix-Faubin.	. . . 118 10 "	. . 918 10 "	. 1,037 " "	
	de Picpus.	. . 1,771 5 "	. 6,271 5 "	. 8,042 10 "	
	de Rambouiller.	. 15,950 " "	34,250 " "	50,200 " "	
Bureaux	de la Tournelle.	113,004 13 "	173,000 " "	286,004 13 "	
	de la Halle au Vin.	. 57,604 4 "	120,000 " "	177,604 4 "	
	de la Douane. (Droits sur les Vins.)	. . 4,500 " "	. 6,000 " "	10,500 " "	1,481,952 13 2
	de la Douane. (Droits sur les Liqueurs.)	. 11,600 " "	. . 153 15 "	11,753 15 "	
	des Messageries.	. . 1,320 " "	. . 400 " "	. 1,720 " "	
Bureau général.	Hôtel de Bretonvilliers.	. 23,755 6 "	. 8,373 " "	32,128 6 "	
	pour les Bières.	. 28,525 12 "	18,674 16 "	47,200 8 "	
	pour les Charbons.	. . 9,129 2 "	. 6,231 9 6	15,360 11 6	
Ports.	de S.-Nicolas.	. 97,096 " "	128,300 " "	225,396 " "	
	de la Grève.	. . 8,800 " "	. 4,900 " "	13,700 " "	
	de Saint-Paul. (Droits d'Aides.)	. 47,461 15 "	90,865 6 "	138,327 1 "	
	de S.-Paul. (Droits de Domaine.)	. . 1,539 " "	. 5,265 8 10	. 6,804 8 10	
Droits d'Entrées des Privilégiés.		. . . " "	. 1,188 6 4	. 1,188 6 4	
Droits de 10 sols par Poisse de Sel au Pont de Mantes.		. . . " "	. 6,681 12 6	. 6,681 12 6	
Octrois sur les Fermes.		. 12,000 " "	10,337 10 "	22,337 10 "	
		. 612,529 9 "	869,423 4 2		

LOYERS, RENTES & AUTRES REVENUS.

Loyers de Terrains, Maisons, &c.	. . 7,332 5 "	26,836 " "	34,168 5 "	. . 40,212 15 "
Fermage du Pont-Rouge.	. . 6,000 " "	. . . " "	. 6,000 " "	
Rentes sur divers Particuliers.	. . . 44 10 "	. . . " "	. . 44 10 "	
	. 13,376 15 "	26,836 " "		4,722,808 3 4

(5)

DÉNOMINATIONS DES ARTICLES.	Du 13 Juillet au 11 Octobre 1789.			Du 12 Octobre au 21 Janvier 1790.			TOTAL des deux Epoques ci-contre.			TOTAL GÉNÉRAL.		
	l.	f.	d.	l.	f.	d.	l.	f.	d.	l.	f.	d.
Ci-contre......	....	..	..	....	..	..	....	..	..	4,722,808	3	4
RECETTES DIVERSES.												
Prix de Terreins vendus........	..20,500	″	″	37,460	13	9	57,960	13	9			
Intérêts du prix de Terreins vendus { Fossés, Porte S.-Antoine....	″	″	″	..421	16	8	..421	16	8			
Fossés, Porte S.-Bernard....	....	″	″	.1,403	9	7	.1,403	9	7			
Rue Ste-Barbe..	54	6	″	....	″	″	...54	6	″			
Intérêts d'un million remis au Trésor Royal........	....	″	″	50,000	″	″	50,000	″	″	500,841	2	8
Produit de Matériaux provenant des Maisons appartenant à la Ville...	..23,000	16	8	...	″	″	..23,000	16	8			
Versement, dans la Caisse de la Ville, des fonds provenant de la Contribution pour les Hôpitaux.....	....	″	″	″368,000	″	″	″368,000	″	″			
	..43,555	2	8	457,286	″	″						
Total du Chapitre premier....										5,223,649	6	″

CHAPITRE II.
A CAUSE DES OBJETS DONT LA VILLE EST CHARGÉE POUR LE ROI.

DÉNOMINATIONS DES ARTICLES.	Du 13 Juillet au 11 Octobre 1789.			Du 12 Octobre au 21 Janvier 1790.			TOTAL des deux Epoques ci-contre.			TOTAL GÉNÉRAL.		
	l.	f.	d.	l.	f.	d.	l.	f.	d.	l.	f.	d.
Arrérages de l'Emprunt de { 600,000 liv. Edit d'Août 1777.........	150,000	″	″	175,000	″	″	.325,000	″	″			
15 millions, Déclaration du Roi, de Septembre 1781.....	253,000	″	″	290,500	″	″	.543,500	″	″			
520,000 liv. Arrêt du Conseil du 31 Octobre 1782......	....	″	″	.10,300	14	9	.10,300	14	9			
30 millions, Edit de Septembre 1786.....	197,000	″	″	234,500	″	″	.431,500	″	″			
	600,000	″	″	.710,300	14	9	1,310,300	14	9			

(6)

DÉNOMINATIONS DES ARTICLES.	Du 13 Juillet au 11 Octobre 1789.			Du 12 Octobre au 21 Janvier 1790.			TOTAL des deux Epoques ci-contre.			TOTAL GÉNÉRAL.		
	l.	f.	d.	l.	f.	d.	l.	f.	d.	l.	f.	d.
De l'autre part....	600,000	»	»	.710,300	14	9	1,310,300	14	9			
Pour la Construction du Pont de Louis XVI, Edit de Septembre 1786....	150,000	»	»	100,000	»	»	.250,000	»	»			
Produit des Matériaux provenant des Maisons du Pont-Marie........	.10,000	»	»	....»	»	»	.10,000	»	»			
Appointemens des Commis-Mouleurs pour les Bois & Charbons.......	.18,750	»	»	.25,000	»	»	.43,750	»	»	1,961,511	3	10
Remboursemens. { Pour Travaux de Charité.	117,604	19	2	....»	»	»	.117,604	19	2			
Pour faire arriver des Charbons.........	...»	»	»	198,616	9	11	.198,616	9	11			
Pour enlévement des Boues........	...»	»	»	.23,333	»	»	.23,333	»	»			
Pour fournitures de Tourbes..........	...»	»	»	..7,906	»	»	..7,906	»	»			
	896,354	19	2	1,065,156	4	8						

CHAPITRE III.

A CAUSE DE LA RÉVOLUTION.

DÉNOMINATIONS DES ARTICLES.	Du 13 Juillet au 11 Octobre 1789.			Du 12 Octobre au 21 Janvier 1790.			TOTAL des deux Epoques ci-contre.			TOTAL GÉNÉRAL.		
	l.	f.	d.	l.	f.	d.	l.	f.	d.	l.	f.	d.
Reçu du Trésor-Royal.........	....»	»	»	.100,000	»	»	100,000	»	»			
Contributions volontaires........	318,795	6	»	...600	»	»	319,395	6	»			
Sommes données par les Districts...	..2,073	»	»	....»	»	»	..2,073	»	»			
Prix de... { Bestiaux saisis & autres objets.........	17,133	18	»	....»	»	»	17,133	18	»			
Matériaux de la Bastille.	26,652	2	»	..3,730	18	»	30,383	»	»	.615,840	9	»
Recouvrement. { de sommes avancées relativement à des opérations qui n'en ont pas nécessité l'emploi.	.5,776	10	»	.14,611	13	»	20,388	3	»			
Prêts faits à la Ville.........	76,500	»	»	....»	»	»	76,500	»	»			
Causes particulières...........	....»	»	»	...200	»	»	..200	»	»			
Montant des Mandats fournis sur la Caisse Militaire.............	....»	»	»	.49,767	2	»	49,767	2	»			
	446,930	16	»	.168,909	13	»						

(7)

CHAPITRE IV.
A CAUSE DES SUBSISTANCES.

DÉNOMINATIONS DES ARTICLES.	Du 13 Juillet au 11 Octobre 1789.			Du 12 Octobre au 21 Janvier 1790.			TOTAL des deux Epoques ci-contre.			TOTAL GÉNÉRAL.		
	l.	f.	d.	l.	f.	d.	l.	f.	d.	l.	f.	d.
Produit des Grains vendus.	199,550	14	8	. 37,375	»	»	.236,925	14	8	3,728,093	4	8
Sommes reçues du Trésor - Royal. . . .	208,298	4	5	3,252,780	14	7	3,461,078	19	»			
Objets divers.	. . . »	»	»	. 30,088	11	»	. 30,088	11	»			
	407,848	19	1	3,320,244	5	7						

CHAPITRE V.
A CAUSE DE LA GARDE NATIONALE.

DÉNOMINATIONS DES ARTICLES.	Du 13 Juillet au 11 Octobre 1789.			Du 12 Octobre au 21 Janvier 1790.			TOTAL des deux Epoques ci-contre.			TOTAL GÉNÉRAL.		
	l.	f.	d.	l.	f.	d.	l.	f.	d.	l.	f.	d.
Montant des Mandats fournis sur la Caisse Militaire.	. . . »	»	»	. 76,070	18	3	. . . »	»	»	. 76,070	18	3

DÉPENSE.

CHAPITRE PREMIER.

A CAUSE DES DÉPENSES QUI CONCERNENT LE DOMAINE DE LA VILLE.

DÉNOMINATIONS DES ARTICLES.	Du 13 Juillet au 11 Octobre 1789.			Du 12 Octobre au 11 Janvier 1790.			TOTAL des deux Epoques ci-contre.			TOTAL GÉNÉRAL.		
	l.	f.	d.	l.	f.	d.	l.	f.	d.	l.	f.	d.
RENTES PERPÉTUELLES POUR EMPRUNTS.												
Arrérages d'un Emprunt { sur l'ancien Domaine de la Ville..........	..4,420	17	8	...38	2	6	.4,459	"	2			
sur les anciens Octrois, en 1551	..5,743	14	9	.2,446	15	"	.8,190	9	9			
sur l'annuel des Officiers de la Ville... 1681 & 1715	..2,976	3	2	.3,273	11	"	.6,249	14	2			
sur le nouveau Domaine, ... 1700 & suivantes	.20,207	3	8	14,894	4	10	35,101	8	6			
sur les droits des Boucheries............1705	..9,979	13	6	.1,936	"	8	11,915	14	2			
sur les Boissons....1707	..1,403	19	6	..316	19	"	.1,720	18	6			
Idem........1724	..3,458	10	3	.1,556	4	"	.5,014	14	3			
sur les droits des Rouleurs de Vins.......1733	.48,684	3	1	31,550	8	1	80,234	11	2			
sur les droits des Jaugeurs de Vins......1741	.75,296	15	3	65,799	4	8	141,095	19	11			
de 700,000 liv. idem, des Essayeurs......1744	..3,221	14	7	.4,201	3	2	.7,422	17	9			
de 208,000 liv. idem. 1744	"	"	"	...31	5	"	...31	5	"			
de 800,000 liv. idem. 1745	..6,074	3	6	.5,569	6	11	11,643	10	5			
pour payer les dettes de l'Opéra......1750	..2,047	"	"	..750	"	"	.2,797	"	"			
de 600,000 liv. sur l'Hôtel de Conti.....1751	..6,212	4	4	.2,805	14	6	.9,017	18	10			
Arrérages des Créances dues sur l'Hôtel de Conti.............	..6,844	18	3	.3,550	16	10	10,395	15	1			
	.196,571	1	6	138,719	16	2	335,290	17	8			

Arrérages

(9)

DÉNOMINATIONS DES ARTICLES.	Du 13 Juillet au 11 Octobre 1789.			Du 12 Octobre au 21 Janvier 1790.			TOTAL des deux Epoques ci-contre.			TOTAL GÉNÉRAL.	
	l.	f.	d.	l.	f.	d.	l.	f.	d.	l.	f.
Ci-contre.....	.196,571	1	6	138,719	16	2	335,290	17	8		
Arrérages d'un Emprunt { de 4,800,000 liv. pour don gratuit....... 1758	..18,765	15	"	11,032	7	"	29,798	2	"		
pour l'Hôtel de Soissons. 1762	..7,339	17	3	18,564	19	5	25,904	16	8		
de 600,000 liv. pour Halle & Garre..... 1764	..5,050	15	3	.4,693	11	10	.9,744	7	1	.589,294	6	3
de 560,000 liv. idem. 1766	..4,971	7	10	.2,428	4	4	.7,399	12	2		
de 500,000 liv. idem. 1767	..4,220	"	"	.2,597	2	10	.6,817	2	10		
de 500,000 liv. idem. 1767	..1,900	"	"	.3,525	"	"	.5,425	"	"		
au denier 25..... 1767	..22,934	1	7	23,613	9	8	46,547	11	3		
de 8,600,000 liv... 1767	..56,171	5	1	57,458	13	4	113,629	18	5		
au denier 20.......	..3,279	4	2	.3,720	4	"	.6,999	8	2		
Pour la Comédie Françoise. 1774	..1,203	10	"	,.534	"	"	.1,737	10	"		
	.322,406	17	8	266,887	8	7					
RENTES VIAGÈRES POUR EMPRUNTS.											
Arrérages d'un Emprunt { de 1,000,000 l.... 1750	...1,175	"	"	.2,750	"	"	.3,925	"	"		
de 1,200,000 1758	..19,250	"	"	10,719	8	9	29,969	8	9		
de 1,200,000 1762	..25,388	6	5	11,122	1	1	36,510	7	6	.170,567	12	9
de .500,000 1767	..2,916	13	4	.4,570	"	"	.7,486	13	4		
de .150,000 1771	..48,073	6	6	44,602	16	8	92,676	3	2		
	..96,803	6	3	73,764	6	6					
REMBOURSEMENS D'EMPRUNTS.											
Sur l'Emprunt pour les droits des Jaugeurs de vin.............	"	"	"	.2,186	10	"	.2,186	10	"	...5,186	10	"
Sur celui au denier 25.........	..3,000	"	"	"	"	"	.3,000	"	"		
	...3,000	"	"	.2,186	10	"					
RESCRIPTIONS.											
Remboursement de Capitaux.....	.153,000	"	"	43,800	"	"	196,800	"	"	.208,755	"	"
Intérêts de Rescriptions renouvelées..	..8,655	"	"	3,300	"	"	11,955	"	"		
	.161,655	"	"	47,100	"	"					
CHARGES SUR LES FONDS & DROITS.											
Vingtièmes { sur les Octrois.....	..30,000	"	"	75,000	"	"	105,000	"	"	.107,554	16	5
sur les biens-fonds....	...381	"	"	.2,173	16	5	.2,554	16	5		
	..30,381	"	"	77,173	16	5				1,081,358	5	5

B

(10)

DÉNOMINATIONS DES ARTICLES.	Du 23 Juillet au 11 Octobre 1780.			Du 12 Octobre au 21 Janvier 1790.			TOTAL des deux Epoques ci-contre.			TOTAL GÉNÉRAL.		
	l.	f.	d.	l.	f.	d.	l.	f.	d.	l.	f.	d.
De l'autre part....										1,081,358	5	5
GAGES, DROITS, HONORAIRES & AUTRES FRAIS D'ADMINISTRATION.												
Gages des Offices créés en 1690....	3,130	″	″	1,620	″	″	4,750	″	″			
Autres Gages & Droits........	20,441	19	10	1,827	10	″	22,269	9	10			
Droits à M. le Gouverneur....	1,047	8	5	12,500	″	″	13,547	8	5			
Honoraires de MM. du Bureau...	134,682	13	8	″	″	″	134,682	13	8			
A M. le Procureur du Roi. { Supplément d'Apointemens.	4,600	″	″	}			21,085	14	″			
Gratification extraordinaire.	12,000	″	″									
Frais de Bureaux......	4,485	14	″									
Diverses fournitures pour les Bureaux dudit.	″	″	″	3,594	2	″	3,594	2	″			
A M. Buffault, premier Echevin. { Indemnité.....	12,000	″	″	}			16,650	″	″			
Dépense.....	4,650	″	″									
Taxations au Trésorier, & intérêts du million de sa finance.........	62,500	″	″	25,000	″	″	87,500	″	″	389,589	7	5
Jettons d'Assemblées........	25,590	″	″	″	″	″	25,590	″	″			
Commis aux Entrées. { sur les anciens droits.	″	″	″	16,882	5	″	16,882	5	″			
sur les nouveaux droits.	″	″	″	3,906	5	″	3,906	5	″			
Employés { à l'Administration.	″	″	″	26,510	17	″	26,510	17	″			
à la Halle & à la Garre..	″	″	″	1,450	15	″	1,450	15	″			
à la Bibliothéque.	″	″	″	1,437	10	″	1,437	10	″			
Solde de la Garde sédentaire.....	″	″	″	5,406	7	6	5,406	7	6			
Gratifications ordinaires.........	4,266	″	″	60	″	″	4,326	″	″			
	289,393	15	11	100,195	11	6						
RÉPARATIONS, ENTRETIENS ORDINAIRES, &c.												
Entretien { par baux à l'année....	″	″	″	18,387	″	″	18,387	″	″			
des Quais, bords de Rivière & Pont-Rouge.....	2,460	″	″	994	15	″	3,454	15	″			
des Maisons du Domaine de la Ville........	65,701	7	4	53,855	9	9	119,556	17	1			
du Boulevard du Nord...	3,272	7	8	″	″	″	3,272	7	8			
des Jurisdictions & Prisons de Paris.........	2,492	14	7	6,637	13	6	9,130	8	1			
de Pavé............	″	″	″	108	12	″	108	12	″			
Travaux { à la Garre......	″	″	″	4	″	″	4	″	″			
aux Egoûts.........	2,175	13	″	175	6	6	2,351	4	6			
aux Corps-de-Garde....	126	10	″	191	10	″	318	″	″			
	76,228	17	7	80,354	6	9	156,583	4	4	1,470,947	12	10

(11)

DÉNOMINATIONS DES ARTICLES.	Du 13 Juillet au 11 Octobre 1789.			Du 12 Octobre au 11 Janvier 1790.			TOTAL des deux Epoques ci-contre.			TOTAL GÉNÉRAL.		
	l.	f.	d.	l.	f.	d.	l.	f.	d.	l.	f.	d.
Ci-contre.	. . 76,228	17	7	80,354	6	9	156,583	4	4	1,470,947	12	10
Visites des Fontaines.	. . . 407	»	»	. . . »	»	»	. . 407	»	»	} .164,365	11	»
Fontaines publiques.	. . . »	»	»	. . 530	3	8	. . 530	3	8			
Réparations de la porte S.-Martin. . .	. . 1,000	»	»	. . . »	»	»	. . 1,000	»	»			
Porte S.-Antoine.	. . . »	»	»	. . 916	17	6	. . 916	17	6			
Pompes d'Incendies.	. . . »	»	»	. . 561	8	»	. . 561	8	»			
Dépenses diverses & particulières. . .	. . 4,287	2	6	. . 79	15	»	. 4,366	17	6			
	. . 81,923	»	1	82,442	10	11						

TRAVAUX EXTRAORDINAIRES D'EMBELLISSEMENS.

Formation des rues de Lévi & de S.-Fobin.	. . 27,421	19	»	. . . »	»	»	27,421	19	»	} 1,055,154	7	6
Constructions { à la Garre.	. . 41,000	»	»	36,000	»	»	77,000	»	»			
Fontaine S.-Antoine. .	. . 8,900	»	»	. . . »	»	»	. . 8,900	»	»			
diverses.	. . 2,903	14	»	. . . »	»	»	. . 2,903	14	»			
Epuisement d'eau au Roule, & autres endroits.	. . 9,537	3	»	. . 100	13	6	. 9,637	16	6			
Travaux { sur la Rivière. . . .	. . 7,964	»	»	22,000	»	»	29,964	»	»			
au Boulevard du Nord.	. . . »	»	»	. 6,756	8	»	. 6,756	8	»			
à l'Isle Louvier. . . .	. . . »	»	»	. . 262	10	»	. . 262	10	»			
Immeubles des ci-devant Gardes-Françoises.	. . . »	»	»	892,308	»	»	892,308	»	»			
	. . 97,726	16	»	957,427	11	6						

DIVERSES DÉPENSES ORDINAIRES, &c.

Pensions.	. . 21,460	18	10	. 3,555	»	»	25,015	18	10			
Aumônes.	. . 8,833	»	»	. . . »	»	»	. 8,833	»	»			
Frais { de Police.	. . . 173	15	»	. 1,278	18	»	. 1,452	13	»			
de Greffe.	. . . 223	14	»	. . . »	»	»	. . 223	14	»			
de Remboursemens d'Emprunts.	. . . »	»	»	10,848	»	9	10,848	»	9			
de contrats de l'Emprunt viager à 60 ans.	. . . 551	»	»	. . . »	»	»	. . 551	»	»			
ordinaires d'Approvisionnemens pour Paris.	. . 1,048	»	»	. . . »	»	»	. 1,048	»	»			
Procédure civile.	. . . »	»	»	. . 823	6	8	. . 823	6	8			
Pain béni.	. . . 173	10	»	. . . »	»	»	. . 173	10	»			
Fourniture de Vin.	. . 1,620	»	»	. . . »	»	»	. 1,620	»	»			
Souscriptions & Impressions.	. . 1,140	»	»	. . . »	»	»	. 1,140	»	»			
Diverses Gravures.	. . . »	»	»	. . 150	»	»	. . 150	»	»			
Habillement des gens attachés à la Ville.	. . 2,280	»	»	. . . »	»	»	. 2,280	»	»			
	. . 37,503	17	10	16,655	5	5	54,159	3	3	2,690,467	11	4

DÉNOMINATIONS DES ARTICLES.	Du 13 Juillet au 11 Octobre 1789.			Du 12 Octobre au 21 Janvier 1790.			TOTAL des deux Epoques ci-contre.			TOTAL GÉNÉRAL.		
	l.	f.	d.	l.	f.	d.	l.	f.	d.	l.	f.	d.
De l'autre part.......	..37,503	17	10	16,655	5	5	54,159	3	3	2,690,467	11	4
Service extraordinaire des Gardes de la Ville........	..2,043	″	″	....	″	″	.2,043	″	″	..59,589	8	3
Conversion des Billets de Caisse en espéces..........	....	″	″	.3,387	5	″	.3,387	5	″			
	..39,546	17	10	20,042	10	5						
DIVERSES DÉPENSES POUR ÉVÈNEMENS EXTRAORDINAIRES.												
Suite des dépenses pour les Fêtes de la Paix, en 1783...........	....	″	″	..54	10	″	..54	10	″			
Ecritoire de M. le Procureur du Roi.	..1,400	″	″	....	″	″	.1,400	″	″			
Naissance du Duc de Normandie....	....	″	″	.129	17	5	..129	17	5			
Emeute populaire en 1788, Corps-de-Garde incendié, &c.........	....	″	″	.1,505	2	3	.1,505	2	3	.135,398	19	5
Charités extraordinaires, hyver de 1788 à 1789............	..13,908	12	″	....	″	″	13,908	12	″			
Débacle de 1789.............	..47,068	″	″	....	″	″	47,068	″	″			
Frais d'Impression pour les Etats Généraux................	..62,137	13	6	.9,024	15	″	71,162	8	6			
Médailles à des Citoyennes.......	....	″	″	..170	9	3	..170	9	3			
	.124,514	5	6	10,884	13	11						
Total du Chapitre premier.....										2,885,455	19	″

CHAPITRE II.

EMPLOI DES FONDS VERSÉS PAR LE ROI.

DÉNOMINATIONS DES ARTICLES.	Du 13 Juillet au 11 Octobre 1787.			Du 12 Octobre au 21 Janvier 1790.			TOTAL des deux Epoques ci-contre.			TOTAL GÉNÉRAL.		
	l.	f.	d.	l.	f.	d.	l.	f.	d.	l.	f.	d.
Avances de la Ville, à l'époque du 12 Juillet 1789, pour les objets ordinaires à sa charge.	10,856	7	6									
Arrérages, jusqu'à la dernière époque, des Rentes constituées, pour douaires assignés sur les Maisons des Ponts.	17,908	18	10							345,966	10	5
Pour Travaux de Charité.	117,604	19	2									
Pour faire arriver des Charbons.	198,616	9	1									
Pour l'exécution d'un Arrêt du Conseil, concernant la Montagne de Morvan.	979	15	»									
Suite des Travaux de Charité.	»	»	»	1,000	»	»	1,000	»	»			
Arérages d'un Emprunt — de 600,000 l. Edit d'Août 1777 — rentes perpétuelles.	89,741	7	11	87,952	14	»	177,694	1	11			
rentes viagères.	51,959	9	6	42,399	4	»	94,358	13	6			
de 15,000,000, Edit de Septembre 1781.	215,004	10	4	230,633	7	4	445,637	17	8			
de 520,000, Arrêt du Conseil du 31 Octobre 1782.	10,248	»	»	52	14	9	10,300	14	9	1,646,510	16	9
de 30,000,000, Edit de Septembre 1786.	281,140	»	»	219,042	18	11	500,182	18	11			
viager pour la Comédie Françoise.	1,786	10	»	1,533	10	»	3,320	»	»			
Timbres des Contrats de 30 millions & frais de remboursemens.	1,609	7	6	»	»	»	1,609	7	6			
Arrérages de Rentes constituées pour douaires assignés sur les Maisons des Ponts.	11,573	12	6	13,234	2	3	24,807	14	9			
Indemnité des Maisons Principaux.	»	»	»	12,000	»	»	12,000	»	»			
des Ponts. Intérêts.	»	»	»	459	16	8	459	16	8			
Frais relatifs à la démolition des Maisons des Ponts.	57,398	5	»	19,264	6	1	76,662	11	1			
Pour la construction du pont de Louis XVI.	106,343	»	»	124,295	»	»	230,638	»	»			
Appointemens des Commis-Monleurs.	18,600	»	»	18,000	»	»	36,600	»	»			
Enlèvement des Boues de Paris.	»	»	»	23,333	»	»	23,333	»	»			
Fournitures de Tourbes.	»	»	»	7,906	»	»	7,906	»	»			
	845,404	2	9	801,106	14	»						
Total du Chapitre deuxième.										1,992,477	7	2

CHAPITRE III.

A CAUSE DE LA RÉVOLUTION.

DÉNOMINATIONS DES ARTICLES.	Du 13 Juillet au 11 Octobre 1789.			Du 12 Octobre au 21 Janvier 1790.			TOTAL des deux Epoques ci-contre.			TOTAL GÉNÉRAL.		
	l.	f.	d.	l.	f.	d.	l.	f.	d.	l.	f.	d.
Frais de démolition de la Bastille....	108,125	17	»	121,159	18	»	.229,285	15	»			
Armes distribuées au Public.......	42,855	3	»	13,449	10	9	.56,304	13	9			
Sûreté dans & hors Paris........	160,058	4	5	87,404	6	9	247,462	11	2			
Restitution d'Objets saisis.........	19,016	10	»	...»	»	»	.19,016	10	»			
Secours aux Districts & à quelques Particuliers.............	218,433	3	9	.9,079	2	»	227,512	5	9			
Remboursemens de sommes empruntées.	46,500	»	»	30,000	»	»	.76,500	»	»			
Impressions................	.5,000	»	»	40,162	10	»	.45,162	10	»			
Affiches.................	.4,700	»	»	.5,536	»	»	.10,236	»	»	1,105,584	11	8
Fournitures de bouche........	12,564	9	6	.2,300	14	»	.14,865	3	6			
Indemnité à M. le Maire........	...»	»	»	50,000	»	»	.50,000	»	»			
Appointemens des Employés au Bureau de la Mairie, d'Administration & Rédaction.............	...»	»	»	16,063	8	»	.16,063	8	»			
Causes particulières...........	11,130	9	6	26,090	10	6	.37,221	»	»			
Captures { de M. Berthier......	.4,861	1	6	..174	»	»	..5,035	1	6			
& { de M. Bezenval......	44,821	8	»	25,893	1	»	.70,714	9	»			
Détentions. { de M. de la Salle...	..205	4	»	...»	»	»	...205	4	»			
	678,271	10	8	427,313	1	»						

CHAPITRE IV.

A CAUSE DES SUBSISTANCES.

DÉNOMINATIONS DES ARTICLES.	Du 13 Juillet au 11 Octobre 1789.			Du 12 Octobre au 11 Janvier 1790.			TOTAL des deux Epoques ci-contre.			TOTAL GÉNÉRAL.		
	l.	f.	d.	l.	f.	d.	l.	f.	d.	l.	f.	d.
Frais de Voyages.	184,127	6	3	.133,449	12	10	.317,576	19	1			
Prix de Grains, de Farine & de mouture.	229,880	7	5	2,738,035	»	4	2,967,915	7	9			
Frais de Voitures & indemnités y relatives.	115,417	5	»	.306,166	11	»	.421,583	16	»			
Prix & frais d'exploitation & Garde des Moulins à bras & Bluteaux.	.8,440	»	»	.54,432	»	»	.62,872	»	»	4,377,599	16	3
Solde, Appointemens & Gratifications aux Soldats employés à la Halle aux Grains, à l'Ecole-Militaire & au Bureau des Subsistances.	.2,880	6	»	.14,534	15	»	.17,415	1	»			
Prêts aux Boulangers.	»	»	»	.299,800	»	»	.299,800	»	»			
Primes aux Boulangers.	»	»	»	.231,103	18	8	.231,103	18	8			
Objets divers.	.6,472	13	9	.52,860	»	»	.59,332	13	9			
	547,217	18	5	3,830,381	17	10						

CHAPITRE V.

A CAUSE DE LA GARDE NATIONALE.

DÉNOMINATIONS DES ARTICLES.	Du 13 Juillet au 11 Octobre 1789.			Du 12 Octobre au 11 Janvier 1790.			TOTAL des deux Epoques ci-contre.			TOTAL GÉNÉRAL.		
	l.	f.	d.	l.	f.	d.	l.	f.	d.	l.	f.	d.
Casernement.	137,169	7	»	79,008	16	3	216,178	3	3			
Habillement.	31,590	8	10	97,566	9	6	129,156	18	4			
Armement & Equipement.	.2,400	»	»	..452	»	»	..2,852	»	»	499,385	17	»
Dépenses diverses.	24,647	5	»	51,215	17	1	75,863	2	1			
Médailles aux Gardes-Françoises.	51,000	»	»	24,335	13	4	75,335	13	4			
	246,807	»	10	252,578	16	2						

RÉCAPITULATION.

RECETTE.

	l.	f.	d.	l.	f.	d.
Chapire Ier à cause des Recettes qui dérivent du Domaine de la Ville. . . .	5,223,649	6	»			
Chap. II. à cause des Objets dont la Ville est chargée pour le Roi.	1,961,511	3	10			
Chap. III. à cause de la Révolution. . .	615,840	9	»	11,605,165	1	9
Chap. IV. à cause des Subsistances. . .	3,728,093	4	8			
Chap. V. à cause de la Garde-Nationale.	76,070	18	3			

DÉPENSE.

	l.	f.	d.	l.	f.	d.
Chapitre Ier à cause des Dépenses qui concernent le Domaine de la Ville. .	2,885,455	19	»			
Chap. II. Emploi des Fonds versés par le Roi.	1,992,477	7	2			
Chap. III. à cause de la Révolution. . .	1,105,584	11	8	10,860,503	11	1
Chap. IV. à cause des Subsistances. . .	4,377,599	16	3			
Chap. V. à cause de la Garde-Nationale.	499,385	17	»			

Excédent de Recette.				744,661	10	8

Certifié sincère & véritable, & conforme au Bordereau de Caisse, du 21 Janvier 1790.

Le Couteulx de la Noraye, *Lieutenant de Maire.*

PITRA, TRUDON DES ORMES,
AVRIL, SANTERRE,

Conseillers-Administrateurs.

www.ingramcontent.com/pod-product-compliance
Lightning Source LLC
Chambersburg PA
CBHW070533050426
42451CB00013B/2982